Zusatzverdienst im Internet

I0467636

Wie Sie seriös im Internet Geld verdienen

von Uwe Klein

2. Auflage Mai 2016

Inhaltsverzeichnis

Das Internet wimmelt von Möglichkeiten Geld damit zu verdienen.
Auch heute noch scheint das Potenzial des World Wide Web
diesbezüglich nicht ausgeschöpft, ja kaum angetastet zu sein. Findige
Geschäftsleute entwickeln beinahe täglich neue Gelegenheiten, in der
virtuellen Welt echtes Geld zu verdienen. Da das Internet quasi
unendlich ist, tun sich da großartige Chancen auf, auch weltweit
erfolgreich zu sein. Die Versprechungen sind hoch und die Aussichten
verlockend. Mit geringen Vorkenntnissen und entsprechendem
Arbeitsaufwand lässt sich leicht ein Nebenverdienst oder sogar
ausreichend Geld für den Lebensunterhalt verdienen.

Die Unendlichkeit des Internets hat in dieser Hinsicht allerdings auch
ihre Tücken. Wenn Sie schon einmal auf der Suche nach
Verdienstmöglichkeiten im Internet waren und genau diese Worte bei
Google in die Suchmaschine eingegeben haben, sind Sie - wie
Millionen andere Interessierte auch - sicherlich auf unzählige
unseriöse Angebote gestoßen. Da finden sich (übrigens verbotene)
Schneeballsysteme, mit denen man angeblich in kürzester Zeit sehr
reich werden kann. Unechte Profile bei Single Börsen und gefälschte
SMS Chats sollen die große Liebe vorgaukeln und dem Kunden
möglichst viel Geld aus der Tasche ziehen. Kosmetika sollen verkauft
werden, die natürlich zuvor zu einem horrenden Preis angekauft
werden müssen, oder es sollen (ebenfalls verbotene) gefälschte
Rezensionen auf bekannten Portalen geschrieben werden. Bei all
diesen „Verdienstmöglichkeiten" im Internet verdient nur einer,
nämlich der Anbieter solcher unseriösen Angebote, aber nicht Sie.
Wahrhaftig sind Sie nicht der erste Mensch (und werden auch nicht
der Letzte sein), der angesichts dieser Flut von gesetzlicher Grauzone
lieber die Finger vom Online Verdienst lassen wollte.

In der Tat ist es sehr schwierig, wirklich funktionierende und vor
allem seriöse, legale Möglichkeiten zu finden, im Internet Geld zu
verdienen, doch es gibt sie. Verabschieden Sie sich von dem
Gedanken, schnell und ohne große Arbeit unfassbar reich zu werden;
das ist und bleibt Utopie. Aber freunden Sie sich mit der Tatsache an,
dass Sie - abhängig von Ihrem Arbeitseinsatz - im Internet echtes Geld

auf legale Weise verdienen können. Alles was Sie brauchen ist ein wenig Zeit, Geduld und das Wissen, wie es geht. Dieses Wissen möchten wir Ihnen mit diesem E-Book vermitteln. „Zusatzverdienst im Internet - Wie Sie seriös im Internet Geld verdienen" ist genau das, was es aussagt: Ein Leitfaden, wie Sie im Internet erfolgreich sein und Ihr Gehalt merklich aufbessern können. Wir stellen Ihnen nur erprobte und seriöse Möglichkeiten vor, bei denen Sie kein Eigenkapital brauchen und nichts investieren müssen außer etwas Zeit und Arbeitsaufwand. Alle von uns getesteten und hier vorgestellten Angebote sind risikolos und halten, was sie versprechen. Wir klären Sie auf über Vor- und Nachteile der einzelnen Maßnahmen, erläutern Ihnen wie es geht und zeigen Ihnen Tipps und Tricks, wie Sie Ihren Verdienst im Internet noch etwas ausbauen können.

Da nicht jeder Mensch die gleichen Talente besitzt, haben wir uns auf vier unterschiedliche Zweige fokussiert. Im ersten Teil des E-Books konzentrieren wir uns auf Affiliate Marketing. Sicher ist Ihnen dieser Begriff bei der Überlegung, online Geld zu verdienen, schon mehrfach begegnet. Sie erfahren gleich im ersten Kapitel, was es mit Affiliate Marketing auf sich hat und wie es ganz einfach möglich wird, legal und seriös damit Geld zu verdienen. Sie erfahren, was Sie brauchen, um mit Affiliate Marketing richtig durchstarten zu können; Sie werden sehen, es ist nicht schwer und macht sogar Spaß.

Im zweiten Teil des E-Books gehen wir auf die Kreativen unter den Online Verdienern ein. Wir zeigen Ihnen einfache Wege, wie Sie mit Texten im Internet Geld verdienen werden. Hier ist ein gewisses Maß an Talent hilfreich, aber Sie werden sehen, dass Sie kein John Grisham sein müssen, um Ihr Ziel zu erreichen.

Der dritte Teil des E-Books ist den Meinungsforschungen und Umfragen vorbehalten. Wollten Sie schon immer einmal neue Produkte testen und bewerten? Es gibt diese Möglichkeiten, vollkommen einfach und legal im Internet, und dafür können Sie sogar bezahlt werden! Ob nun mit Bargeld oder in Form von Gütern, ist hier ihre Entscheidung; wir stellen Ihnen verschiedene Möglichkeiten vor.

Der vierte und letzte Teil indes gehört den Händlern im Internet. Fast jeder hat schon einmal etwas bei Ebay verkauft, aber wussten Sie, dass das auch im großen Stil geht, ohne dass Sie vorher investieren müssen oder ein großes Lager brauchen? Drop-Shipping ist das Zauberwort. Was das genau bedeutet und wie einfach Sie damit starten können, erfahren Sie im letzten Teil dieses E-Books.

Sie fragen sich vielleicht, warum wir das machen, sind die wirklich guten Möglichkeiten, im Internet Geld zu verdienen, doch fast schon ein Staatsgeheimnis. Die Antwort ist einfach. Wir möchten Ihnen helfen und Ihnen zeigen, dass es eben nicht nur illegale und unseriöse Möglichkeiten des Geldverdienens online gibt, sondern im Gegenteil auch wirklich gute und beständige Angebote. Viele Menschen haben den Traum, sich (eventuell neben dem Beruf) selbstständig zu machen und der eigene Chef zu sein. Auch gibt es einige Menschen, die aus unterschiedlichen Gründen keiner geregelten Erwerbstätigkeit nachgehen können. Für sie ist dieses E-Book ebenfalls ein wahrer Segen, denn alle Tätigkeiten, mit denen man online Geld verdient, können von Zuhause aus am heimischen Rechner erledigt werden. Sie brauchen nicht einmal ein neues Gerät dafür, nur einen internetfähigen Computer und eben einen Internetanschluss. Alles andere erledigen Sie selbst. Wenn Sie nicht auf das ganz schnelle Geld aus sind, sondern langfristig und beständig regelmäßige Einnahmen erzielen möchten, ist das der beste Weg für Sie. Einfacher geht es wirklich nicht.

Nun wollen wir aber endlich starten. Viel Freude beim Lesen dieses E-Books, und hoffentlich ist auch für Sie die richtige Gelegenheit dabei!

Wer sich ernsthaft mit dem Thema Geld verdienen im Internet auseinander setzt, kommt um das Thema Affiliate Marketing nicht herum. Sicher ist Ihnen dieser Begriff bei Ihren vorigen Recherchen auch schon mehrfach begegnet. Das System scheint undurchsichtig und kompliziert, und nicht wenige angehende Online Verdiener fragen sich: Was ist das überhaupt?

Affiliate Marketing ist vereinfacht gesehen nichts anderes als mit Links für andere Firmen auf der eigenen Internetseite Geld zu verdienen. Firmen, Institutionen und andere bezahlen dafür, dass ihr Link auf anderen Webseiten erscheint. Soviel zum Prinzip. Natürlich reicht es nicht aus, den Link nur zu platzieren; das wäre auch viel zu einfach.

Affiliate Marketing setzt auf unterschiedliche Modelle, mit denen sich Geld verdienen lässt. Im Grunde geht es darum, dass die Partnerfirmen ihre Produkte verkaufen möchten. Für den Affiliate, also Sie in dem Moment, lohnt es sich also, Partnerfirmen zu finden, die gute Produkte verkaufen und auch entsprechend präsentieren, aber dazu später mehr.

Gehen wir einmal auf die unterschiedlichen Arten des Affiliate Marketings ein. Diese Liste erhebt keinen Anspruch auf Vollständigkeit, da gerade das Internet ein sich stets entwickelnder Raum ist und Affiliate Marketing, wie wir später noch sehen werden, zu den aufstrebenden Arten, im Internet Geld zu verdienen, gehört.

Pay per Sale
Klickt ein Kunde auf Ihrer Internetseite auf den Affiliate Link und kauft etwas, dann gehört ein bestimmter Prozentsatz des Verkaufspreises als Provision Ihnen. So einfach ist das, weswegen Pay per Sale die bekannteste und vielleicht ertragreichste Art des Affiliate Marketings ist.

Pay per Click

Hier wird bereits eine Vergütung ausgeschüttet, wenn der Kunde lediglich auf den Affiliate Link klickt, allerdings fällt diese Provision naturgemäß deutlich geringer aus. Dennoch können auch Pay per Click Links sich lohnen, wenn man genug davon hat und sie geschickt platziert, so dass der Kunde darauf klickt.

Pay per Lead
Eine weitere sehr beliebte Form des Affiliate Marketings ist Pay per Lead. Klickt der Kunde auf den Link auf Ihrer Seite und nimmt daraufhin Kontakt zum Händler oder Dienstleister auf, ist Ihnen die Provision bereits sicher. Diese Form wird häufig von Dienstleistern oder auch Handwerkern verwendet.

Pay per SignUp
Soll der Kunde sich beim Händler beziehungsweise Dienstleister anmelden, einen Newsletter abonnieren oder Ähnliches und tut dies über Ihren Link, wird dies beim Pay per SignUp vergütet. Allerdings ist die Provision auch nicht sehr hoch.

Lifetime
Ein sehr beliebtes, aber nicht weit verbreitetes Modell ist Lifetime. Provisionen werden über einen bestimmten Zeitraum ausbezahlt; hat zum Beispiel der Kunde über Ihren Link eine Zeitung abonniert, wird die Provision für Sie über den Abo-Zeitraum zum Beispiel monatlich ausbezahlt. Lifetime Affiliate ist eine gute Möglichkeit, langfristig sichere Einnahmen zu erzielen.

Wie kommt man nun an die begehrten Links, und wie setzt man sie ein? Der Nachteil an Affiliate Marketing ist, dass es relativ aufwändig in der Pflege ist. Sie müssen stets darauf achten, dass die verwendeten Links funktionieren und auch noch aktuell sind. Über Programme und Benutzeroberflächen, die die Affiliate Partner Ihnen zur Verfügung stellen, können Sie sich eine Übersicht über Ihre Einnahmen verschaffen. Nicht jedes Produkt oder jede Dienstleistung ist für jede Webseite gleich lohnend. Und: Nicht jeder Besucher Ihrer Internetseite wird automatisch zum Kunden des Links.

Um mit Affiliate Marketing ein bisschen Geld zu verdienen, reicht es also bei Weitem nicht aus, einen oder zwei Links auf Ihrem Blog zu platzieren. Sie brauchen schon einige mehr Links, damit es sich lohnt. Der große Vorteil: Es kostet nichts. Sie werden also bei diesem Geschäftsmodell keinerlei finanzielle Risiken eingehen, im Gegenteil: Sie können dabei nur gewinnen. Alles was Sie brauchen, ist eine (oder mehrere) funktionierende Webseite(n).

Die Ideen sind vielfältig. Blogs sind eine etablierte Möglichkeit, um Links zu platzieren; wenn Sie den Blog entsprechend bewerben, kommen Sie auch auf die nötigen Besucherzahlen. Warum suchen Sie sich nicht ein paar Sparten aus und machen Ratgeber Webseiten? Hier können sie prima Affiliate Links unterbringen von Produkten, die in Ihr Thema passen. Möchten Sie Ihren Kunden alles über Bodenreinigung anbieten? Prima, dann können Sie ihnen auch gleich die passenden Reiniger per Affiliate Link empfehlen. Es gibt ganze Vergleichsseiten im Internet, die von Affiliate Marketing leben. Es kostet nur ein wenig Zeit, aber mit etwas Übung haben Sie das schnell im Griff.

Doch wo findet man all diese tollen Links, die nichts kosten und Geld einbringen? Glücklicherweise ist das Internet kein wirtschaftsfreier Raum, und so hat sich rund um das Thema Affiliate Marketing eine ganze Industrie gebildet. Große Netzwerke vermitteln Partnerprogramme und bieten anschauliche Benutzeroberflächen. Unzählig viele Partnerprogramme werden hier vorgestellt und vermittelt, so dass es für den Affiliate leicht ist, sich zu spezialisieren und sich einen oder mehrere Bereiche heraus zu suchen, die Erfolg versprechend sind. Wenn Sie nicht mit dem Händler direkt verhandeln wollen (wie zum Beispiel bei Amazon möglich), dann ist ein Affiliate Netzwerk genau das Richtige für Sie.

Auf der Seite 100partnerprogramme.de gibt es natürlich weit mehr als hundert Partnerprogramme, und sicher werden auch nicht alle Ihren Ansprüchen oder Ihrer Nische, die Sie sich ausgesucht haben, genügen. Aber ganz bestimmt finden Sie dort das eine oder andere lukrative Partnerprogramm für Affiliate Marketing. Außerdem bietet die Seite weitere wertvolle Tipps, um Ihre Einnahmen durch Links,

Banner etc. zu steigern. Ein weiterer Pluspunkt dieser Seite: Neben den bewährten Netzwerken finden sich dort auch eigenständige Partnerprogramme, die oftmals lukrativer für den Affiliate sind. Einfach ausprobieren und testen; Sie werden ohnehin vermutlich nicht auf Anhieb einen Glückstreffer landen, denn wie wir bereits wissen, ist das Geld verdienen im Internet auch Arbeit.

Netzwerke wie Affilinet, Belboon oder SuperClix arbeiten alle mit dem gleichen Prinzip. Es ist ratsam, sich bei mehr als nur einem Netzwerk anzumelden. Dazu braucht man nur eine Email-Adresse; die Anmeldung ist natürlich kostenlos, ebenso wie die Verwendung der bereitgestellten Partnerprogramme. Prüfen Sie die Konditionen gut und nehmen Sie sich etwas Zeit, sich einzulesen. Das wird sich am Ende in Klicks und Provision bezahlt machen.

Wie Sie sehen können, ist Affiliate Marketing eine gute Möglichkeit für Jedermann, im Internet ein wenig Geld zu verdienen. Der Erfolg hängt wahrlich von Ihrem Arbeitseinsatz ab. Moderne Webseiten-Baukästen ermöglichen es auch Laien, eine ansprechende Internetseite auf die Beine zu stellen, um sie für Affiliate Marketing nutzen zu können. Wer sich ernsthaft mit Affiliate Marketing auseinander setzt, kann sich ein angenehmes Nebeneinkommen damit schaffen. Am Besten bauen Sie sich eine ganze Reihe von Ratgeberseiten auf, die entsprechende Tipps und Links für die Besucher enthalten. So bekommen Sie Ihre Affiliate Links unter, ohne den Betrachter der Seite zu überfordern, und er wird Ihre Tipps gern annehmen und auf die Links klicken; was schließlich Sinn der Sache ist.

Eine weitere, sehr bekannte Möglichkeit, im Internet mit Werbung Geld zu verdienen, ist AdSense. AdSense ist, wie Sie sicher schon gehört haben, ein System von Google, das dafür sorgt, dass auf Ihrer Website die Werbung angezeigt wird, die der Kunde sehen will, vereinfacht ausgedrückt.

Es gibt einige gute Anleitungen für Affiliates im Internet, für die vielleicht Beste klicken Sie hier.

Eine weitere, sehr einfache Möglichkeit, im Internet ein wenig Geld zu verdienen, ist das Schreiben von Texten für das Netz. Man muss sich vorstellen, dass alles, was auf den Milliarden Internetseiten zu lesen ist, auch von irgendwem geschrieben werden muss. Schon allein rein rechnerisch birgt dies ein riesiges Potenzial, und das hat auch die entsprechende Branche erkannt. Es gibt Texter, die nichts anderes tun, das Internet-Texten also hauptberuflich betreiben. So weit müssen Sie ja nicht gehen, aber dennoch, wenn Sie Wörter in einer sinnvollen Weise aneinanderreihen können, um daraus einen gut lesbaren Text zu formen, haben Sie schon fast gewonnen.

Sie brauchen nämlich für das Internet-Texten wahrlich kein Profi zu sein. Das Thema des Textes bekommen Sie ohnehin vorgegeben, ebenso wie die gewünschte Länge in Wörtern (seltener in Zeichen). Daran müssen Sie sich natürlich unbedingt halten, denn auf einer Webseite ist nur begrenzt Platz für Text; außerdem mögen die Kunden es gern, wenn ein Texter sich an die Vorgaben hält und vergeben dann auch eher Folgeaufträge. In den meisten Fällen bekommen Sie auch Keywords genannt, Wörter, die Sie zwingend in den Text einbauen müssen. Sie dienen dazu, dass Google (und auch andere Suchmaschinen) die Webseite besser findet und höher in den Suchergebnissen platziert. Diese Vorgehensweise kann etwas knifflig sein, Sie sollten also auf jeden Fall dafür sorgen, dass Sie die Keyword Vorgaben peinlich genau einhalten. Sie werden meist in Anzahl oder Prozent angegeben, was sich mit den Systemen, die wir Ihnen im Folgenden vorstellen werden, gut einhalten lässt.

Dann fangen Sie an zu schreiben. Manchmal muss man zu einem Thema ein wenig recherchieren oder braucht Hintergrundwissen. Machen Sie bitte nicht den Fehler, und schreiben über Aktienfonds, wenn Sie nur oberflächlich davon gehört haben! Man wird dies sofort bemerken und Ihren Text ablehnen. Dann haben Sie sich die Mühe umsonst gemacht, denn bei allen Portalen, die Sie nun kennen lernen, werden nicht angenommene Texte nicht vergütet. Auch sollten Sie dringend davon absehen, Texte oder auch nur Textpassagen oder -

Zeilen zu kopieren; auch das ist verboten und führt im schlimmsten Fall zum Ausschluss aus dem System.

Es gibt verschiedene Portale für Texter, die Sie in Anspruch nehmen können. Sie kosten alle nichts und sind offen für Jedermann.

Textbroker
Eines der bekanntesten Portale für Internet-Texte ist Textbroker, laut eigenen Angaben das führende Portal für Content dieser Art. Die Registrierung ist einfach. Achten Sie darauf, sich als Autor zu registrieren. Vielleicht müssen Sie den Link zunächst ein wenig suchen, da die Seite auf den ersten Blick für Kunden ausgelegt ist, aber es gibt bereits vor der Registrierung umfangreiche Informationen über das System Textbroker. Nach der Registrierung schicken Sie einen Probetext ein (üblicherweise zu einem aus einer vorgegebenen Auswahl ausgesuchtem Thema), der zeitnah von Textbroker bewertet wird. Diese Bewertung bestimmt, welche Art von Aufträgen Sie annehmen können; die Bewertung reicht von zwei bis fünf Sternen. Seien Sie nicht traurig, wenn Sie bei der ersten Bewertung keine fünf Sterne bekommen; die gibt es ohnehin nur für absolute Profis. Bei der ersten Bewertung dürften Sie also bei zwei oder drei Sternen liegen (wenn Sie sehr talentiert sind), doch die Bewertungen sind nicht in Stein gemeißelt. Regelmäßig werden Ihre eingesandten Texte überprüft und die Bewertung gegebenenfalls angepasst. So ist es möglich, dass Sie durch Übung höher eingestuft werden, was sich natürlich im Verdienst bemerkbar macht.

Die Aufträge sind übersichtlich nach Themenbereichen und Qualitätsstufen sortiert, so dass Sie jederzeit einen Überblick haben, was gerade frei ist. Schauen Sie nicht nur sporadisch in den Auftragspool, sondern gewöhnen Sie sich eine Regelmäßigkeit an; manchmal kommt ein Schwung neuer Aufträge, die sehr schnell wieder weg sind. Da muss man ein wenig auf der Hut sein.

Textbroker zahlt für Autoren mit zwei Sternen 0,7 Cent pro Wort und für solche mit drei Sternen 0,95 Cent pro Wort. Das klingt im ersten Moment wenig, doch wenn man dies auf einen netzüblichen Text mit etwa 400 Wörtern hochrechnet, sind das in der kleinsten Stufe schon

2,80 Euro pro Text. Und dann setzen Sie sich doch einmal an die Tasten und stoppen die Zeit, wie schnell Sie 400 Wörter getippt haben… es kann sich also lohnen. Außerdem gibt es bei Textbroker unter anderem die Möglichkeit auf Group Orders oder sogar Direct Orders, die höher vergütet werden. Für Group Orders geben Sie Themenbereiche an, die Sie besonders gut oder gerne schreiben, und Sie werden in einen entsprechenden Autorenpool aufgenommen. Direct Orders sind schon eher etwas für Profis, die mit dem Kunden direkt verhandeln.

Die Auszahlung erfolgt bei Textbroker maximal wöchentlich, und der Auszahlungsbetrag muss mindestens 10,00 Euro betragen. Überwiesen wird auf das bei Textbroker hinterlegte Konto, einfach, schnell und zuverlässig per Mausklick.

Ein weiteres, sehr nützliches Feature ist die Textbroker Autorenschule, wo Sie vollkommen kostenfrei von hilfreichen Tipps und Tricks rund um das Internet-Schreiben profitieren und somit auch Ihren Verdienst erhöhen können.

Content
Ein weiteres, sehr gutes Portal ist content.de. Genau genommen funktioniert es genau so wie Textbroker; zunächst wird ein Probetext eingesandt, der bewertet wird und dann können Sie auch schon loslegen. Die Bewertung bewegt sich in ähnlichem Rahmen wie bei Textbroker, also werden Sie auch bei Content nicht sofort zu den Top-Schreibern gehören. Das macht aber nichts, denn Content zahlt etwas besser als Textbroker: Für Autoren mit zwei Sternen gibt es 0,8 Cent pro Wort, für drei Sterne Schreiber 1,0 Cent und für 4 Sterne Schreiber sogar 1,2 Cent pro Wort; die Stufen darüber sind wiederum den Profis vorbehalten. Die Aufträge bei Content sind etwas abwechslungsreicher, aber auch anspruchsvoller. Genau wie bei Textbroker können Sie in einer übersichtliche Arbeitsoberfläche Ihre Texte annehmen und verwalten. Bitte halten Sie in jedem Fall die vom Kunden vorgegebene Deadline ein (Zeitpunkt, zu dem der Text eingereicht werden muss), sonst wird der Auftrag annulliert und natürlich nicht vergütet. Auch Content verfügt über eine umfangreiche

Hilfesektion für Autoren und hat einen sehr persönlichen Autorenservice, der ebenfalls telefonisch erreichbar ist. Die Auszahlung kann täglich erfolgen, sobald ein Betrag von 10,00 Euro zusammen gekommen ist.

Independent Publishing
Das letzte Portal, das wir Ihnen in diesem Kapitel vorstellen möchten, heißt Independent Publishing. Hier läuft das Ganze ein wenig anders. Zwar müssen Sie auch einen Probetext einreichen, der bewertet wird, aber Sie werden eingestuft in Bronze, Silber oder Gold. Diese Einstufung ist, wie bei den beiden anderen Portalen, nicht statisch, wird bei Independent Publishing aber allein durch Bewertungen der Kunden weiterhin bestimmt. Die Preise sind für Silber-Autoren schon recht hoch und können um die 2,0 Cent pro Wort betragen. Allerdings hat Independent Publishing aufgrund des geringen Bekanntheitsgrades des Portals nicht viele Aufträge zu vergeben; hier müssen Sie sehr schnell sein. Dennoch lohnt es sich, regelmäßig dort vorbei zu schauen.

Jetzt haben Sie gelernt, wie man Affiliate Marketing aufbaut und betreibt und Texte für das Internet schreibt. Diese Maßnahmen allein werden nicht zwangsläufig zu einem guten Einkommen führen; was Sie brauchen, ist ein Blog (am Besten mehrere), und zwar einer, der qualitativ hochwertig ist, mit interessanten Inhalten gefüllt und somit Geld verdienen kann. Wie kriegt man das hin? Das sagen wir Ihnen in diesem Kapitel.

Leser, Leser und noch mehr Leser - je mehr User Ihren Blog betrachten, lesen und nutzen, desto leichter lässt sich Geld damit verdienen. Das ist eine Rechnung die immer aufgeht, und genau das sollten Sie auch im Hinterkopf behalten. Die Herausforderung besteht nun darin, Ihren Blog so zu füttern, dass er interessant ist, und die Leser zu finden, die genau diese Inhalte, die Sie anbieten, haben wollen.

Wir können Ihnen natürlich nicht sagen, was die Internetgemeinde gut findet und was nicht. Das Internet ist ein sich stets wandelnder Raum mit eigenen Trends und Innovationen, die es gut im Auge zu behalten gilt. Es gibt allerdings einige Tipps, die Ihnen helfen werden, mit Blogs richtig Geld zu verdienen. Das funktioniert übrigens in beide Richtungen; ob Sie also einen eigenen Blog betreiben oder Texte extra für Blogs anbieten, bleibt dabei Ihnen überlassen. Wir empfehlen allerdings auf jeden Fall, die Verdienstmöglichkeiten zu mixen, um einen höchstmöglichen Gewinn aus dem Internet zu erzielen.

Wenn man sich das Konstrukt eines Blogs ansieht, geht es um zwei Dinge: Texte, die Sie in Ihren Blog einbinden können und Leser, die diese Inhalte konsumieren und im besten Fall auch die angebundenen Maßnahmen nutzen (Anzeigen, Banner und so weiter). Da insbesondere die Leser sehr wichtig für Ihren Blog sind, kommen Sie um ein anständiges Blog Marketing nicht herum. Niemand hat genau auf Ihren Blog gewartet, erst recht nicht wenn ihn keiner kennt. Sich ein gutes Thema zu überlegen und es möglichst ansprechend zu gestalten reicht in den meisten Fällen bei Weitem nicht aus, um einen erfolgreichen Blog zu gestalten. Lassen Sie sich nicht erzählen, das

14

Geldverdienen im Internet wäre ein Kinderspiel; Sie müssen schon etwas dafür tun, und gerade bei Blogs ist es wichtig, aus der Masse heraus zu stechen, weil es so unglaublich viele (und leider sehr viele schlechte) von ihnen gibt. Glücklicherweise ist es dann doch nicht so schwierig wie es sich im ersten Moment anhört, denn für jedes Internetproblem hat das World Wide Web auch gleich die passende Lösung parat.

Internetseiten wie Rankseller oder teliad helfen Ihnen, die Reichweite Ihres Blogs zu erhöhen und so für Leser zu sorgen. Leser bringen Klicks, und Klicks bringen Geld, eine logische Schlussfolgerung. Sie agieren dann als so genannter Publisher, also als herausgeber eines Blogs, der über die Seite vermarktet wird. Diese Vermarktung ist enorm wichtig, da Sie so ein Vielfaches der User erreichen können als es herkömmliche Maßnahmen jemals schaffen könnten.

Außerdem haben Sie einen weiteren unschätzbaren Vorteil, wenn Sie mit Blog Marketing Seiten zusammen arbeiten: Sie bekommen Angebote von Advertisern, die entsprechend Ihrem Thema Content liefern können. Welche Texte Sie annehmen und welche nicht, entscheiden allein Sie. Das Ganze ist anonym, um eine größtmögliche Fairness und Transparenz zu gewährleisten. Der Content, der somit auf Ihrem Blog erscheint, ist hochwertig und 100% unique, das heißt einmalig, aktuell und entsprechend geprüft. Sie können sich nicht des Plagiats schuldig machen und bieten Ihren Lesern (und damit auch Ihren Kunden) einen echten Mehrwert. Ein interessanter und gut geführter Blog ist ein guter Nebenverdienst im Internet, der nach entsprechender Promotion fast wie von allein läuft. Um Ihren Blog in Rankseller oder teliad zu vermarkten, müssen Sie aber keinen Content von den Advertisern der Seite annehmen; Sie können Ihren Blog natürlich auch selbst betexten, wenn Sie Zeit und Talent dafür haben.

Natürlich können Sie auch selbst Texte auf der Seite anbieten; niemand verbietet Ihnen, sowohl Publisher als auch Advertiser zu sein. Als Advertiser schreiben Sie und verkaufen Ihren Content, übrigens zu den von Ihnen vorgeschriebenen Konditionen. Hier lohnt es sich, den Markt etwas im Auge zu behalten, denn die Preise von

Text variieren relativ stark, auch je nach Qualität. Billig taugt nicht viel, wie erfahrene Blogger wissen, weswegen sie nicht unbedingt die günstigsten Texte ankaufen. Immerhin haben wir es hier mit qualitativ hochwertigen Blogs zu tun, der Königsklasse sozusagen, die Geld verdienen sollen und daher einen hohen Anspruch an die Inhalte haben. Gute Kenntnisse in SEO (Search Engine Optimization = Suchmaschinenoptimierung; ideale Platzierung von Keywords und andere Maßnahmen, die Content / eine Webseite für Suchmaschinen leicht auffindbar macht) sind ein absolutes Muss, wenn Sie für solche Blogs Content anbieten wollen. Die Betreiber brauchen Inhalte, die zu ihrem Thema passen, und zwar authentisch und exakt.

Die von uns vorgestellten Möglichkeiten, im Internet Geld zu verdienen, sind allesamt kostenlos, und das gilt auch für die Webseiten Rankseller und teliad. Sie müssen sich nur anmelden, wobei Sie bei der Erstellung Ihres Profils zunächst zwischen Advertiser (also Content Marketing) oder Publisher (Blog Marketing mit eigenem Blog) wählen. Wie erwähnt können (und sollten) Sie auch „zweigleisig" fahren. Egal wofür Sie sich entscheiden, die Anmeldung ist absolut risikofrei und außerdem kostenlos. Es gibt natürlich viele weitere Internetseiten mit ähnlichem Angebot, doch viele von ihnen kosten Geld, etwa eine Mitgliedsgebühr, um in die Datenbank aufgenommen zu werden. Ob Sie von diesen Seiten Gebrauch machen möchten, bleibt natürlich Ihnen überlassen, jedoch wollen wir Ihnen mit diesem E-Book zeigen, dass Sie all das auch kostenlos haben und ohne Startkapital gleich loslegen können.

Natürlich helfen die guten alten Tugenden auch im Internetmarketing. Kontakte knüpfen, überall präsent sein, Netzwerke nutzen, die richtigen Leute kennen, sich mit seinem Thema auskennen (oder Leute haben, die es tun), das alles wird Ihnen ebenfalls sehr helfen, einen guten Blog aufzubauen und ihn entsprechend zu vermarkten. Wenn Sie erst einmal angefragt werden, ob jemand auf Ihrem Blog veröffentlichen darf, haben Sie es eigentlich schon geschafft, aber davor werden Sie eine Menge Arbeit haben. Diese Arbeit lohnt sich allerdings sehr; wenn Sie es richtig anstellen, können Sie mit einem Blog und den damit verbundenen Maßnahmen wie Affiliate Marketing und Content Marketing eine Menge Geld verdienen.

Haben Sie schon einmal Geld für Ihre Meinung bekommen? Nein? Das geht sicher den meisten von uns so. Im Internet allerdings haben Sie die Möglichkeit, mit Meinungsforschungen und Umfragen Geld oder andere sinnvolle Dinge zu verdienen. Wie das geht verraten wir Ihnen in diesem Kapitel.

Bestimmt sind Sie auch schon über die vielen Umfragen gestolpert, die im Internet angeboten werden. Sie alle dienen dazu, Meinungen und Richtwerte über bestimmtes Kundenverhalten zu bekommen oder zu erfahren, was Internetnutzer im Internet so tun. Vergessen Sie diese Umfragen schnell wieder. Sie stehlen Ihnen nur wertvolle Zeit und bringen Ihnen überhaupt nichts. Im schlimmsten Fall geben Sie am Ende Ihre Email-Adresse an und Sie werden mit Spam und Newslettern bombardiert.

Auch solche Umfragen, bei denen es (angeblich) etwas Tolles zu gewinnen gibt, dienen meist nur dazu, Ihre persönlichen Daten abzugreifen und Ihr Kaufverhalten auszuspionieren. In der Regel gewinnt dort niemand etwas außer der Firma, die die Umfrage in Auftrag gegeben hat, nämlich kostenlose Adressen und Opfer personenbezogener Werbung. Es gibt aber auch Firmen, die vollkommen seriös und offen Ihre Meinung wollen, und diese Firmen bezahlen sogar dafür. Hier lauert keine Gefahr, abgezockt zu werden, denn es profitieren beide Seiten von der Durchführung dieser Umfrage.

Natürlich gibt es mehrere Unternehmen dieser Art, denn echte Meinungsforschung ist gefragter denn je. Je umfangreicher die abgefragten Daten sind, desto leichter wird es für den Auftraggeber, sein Produkt oder seine Werbestrategie entsprechend an den Markt anzupassen. Meinungs- und Marktforschung ist also enorm wichtig für die Industrie, und das machen wir uns zunutze. Ganz nebenbei schaffen wir uns so ein kleines Taschengeld; wer viele Umfragen macht oder im Idealfall mehrere Möglichkeiten, online Geld zu verdienen miteinander kombiniert, kann so eventuell sogar seinen Lebensunterhalt bestreiten, und das von Zuhause aus.

Um Ihnen den Einstieg in die Meinungsforschung etwas leichter zu machen, haben wir - wie in den anderen Kapiteln auch - einige Vorschläge von guten und lohnenden Portalen für Meinungsforschung im Internet für Sie zusammen gestellt. Natürlich können Sie auch eigenständig nach weiteren Geldquellen suchen, daran kann Sie niemand hindern, aber wir wissen, wie schwierig der Dschungel Internet sein kann, insbesondere auf der Jagd nach lohnenden Nebeneinkünften. Daher bieten wir Ihnen einen Anfang, den Sie ohne Risiko begehen können, und wenn Sie sich ein wenig besser auskennen, können Sie stets Ihren Einkommenskreis erweitern.

Hier sind also, kurz beschrieben, unsere Vorschläge für Sie, um mit Meinungsforschung und Umfragen Geld zu verdienen:

Ein großes und bekanntes Portal ist umfragenvergleich.de. Wie bei allen Portalen benötigen Sie hier eine Email-Adresse, um sich anzumelden; die Registrierung und die Nutzung der Seite sind kostenlos. Immerhin möchten Firmen Ihre Meinung wissen. Sie geben spezielle Themen an, die Sie interessieren oder in denen Sie sich gut auskennen, und können dann vielleicht sogar schon starten; vorausgesetzt, für Ihre Themen gibt es gerade passende Umfragen. Pro Umfrage können bis zu 15,00 Euro erzielt werden, allerdings muss dazu gesagt werden, dass die sehr lukrativen Umfragen selten sind und meist sehr spezialisiert. Ansonsten können Sie auch mit kleineren Umfragen Geld und Gutscheine verdienen. Bei den Umfragen steht immer dabei, wie die Vergütung aussieht, so dass Sie stets selbst entscheiden können, ob und in welchem Umfang Sie die Umfragen machen möchten.

Ein weiteres, sehr beliebtes Portal ist meinungsstudie.de. Die Verdienstmöglichkeiten sind hier recht gut; für normale Umfragen bekommen Sie 7,00 Euro gutgeschrieben, spezialisierte Umfragen bringen auch hier bis zu 15,00 Euro ein. Der Zeitaufwand beträgt meist zwischen fünfzehn und zwanzig Minuten, selten mehr. So kann man leicht einen angenehmen Stundenlohn zusammen bekommen, immer vorausgesetzt, es gibt die Umfragen, die in Ihre Interessengebiete passen. Dennoch sollten Sie nur die Themen angehen, die Sie wirklich interessieren oder von denen Sie auch genug verstehen, ansonsten kann die Umfrage natürlich nicht gewertet werden.

Toluna ist ein weniger bekanntes, aber dennoch gut aufgebautes Portal für Produkttests und Umfragen. Auch hier ist die Anmeldung und Nutzung natürlich kostenlos; vergütet wird Ihr Aufwand zumeist mit Gutscheinen namhafter Händler (Douglas, Amazon etc.), mit denen sich eine Menge Geld sparen lässt, aber auch Bargeld kann verdient werden. Zusätzlich zu den Vergütungen nehmen die Mitglieder des Portals an einer Verlosung teil, so dass der Anreiz, hier mitzumachen, noch erhöht wird.

consumer-opinion.com ist ein seriöses Portal zur Meinungs-und Konsumstudie. Auch hier kann man bares Geld verdienen, das ab einer Höhe von 10,00 Euro bereits auf Ihr Bankkonto überwiesen werden kann. Wie bei den anderen Portalen auch, werden Umfragen zu Produkten, Konsumverhalten, Verpackungsdesign und vielem mehr angeboten. Die Mitgliedschaft ist jederzeit kündbar und kostet selbstverständlich nichts. Wie üblich bei solchen Portalen wird auch bei consumer-opinion jede Antwort anonymisiert behandelt, um die Unabhängigkeit der Umfrage zu bewahren. Produkttests werden ebenfalls angeboten; ob sich das für Sie lohnt, sollten Sie im Einzelfall entscheiden.

Als letztes Portal möchten wir Ihnen Meinungsplatz vorstellen. Die Prämien für ausgefüllte Umfragen und Fragebögen sind hier zwar deutlich geringer (etwa 2,00 Euro je Fragebogen), allerdings sind diese auch sehr viel kürzer im Zeitaufwand. Außerdem können Sie neue Produkte sehen und bewerten, noch ehe sie auf dem Markt erscheinen, und das kann ja auch mitunter sehr spannend sein. Hinter Meinungsplatz steht ebenfalls ein unabhängiges Marktforschungsunternehmen, das im Internet Angaben im großen Stil sammelt, um Produkte zu verbessern oder deren Erfolg in Studien vorab einschätzen zu können.

Man kann also auch mit Meinungsumfragen und Produkttests etwas Geld verdienen. Wir raten Ihnen, sich im Vorfeld genau zu informieren und wie immer abzuwägen, ob der Zeitaufwand für Sie lohnend ist. Meist kann man die Umfragen allerdings „nebenbei" erledigen, beim Nachmittagskaffee etwa, oder in einer halben Stunde nach Bearbeitung der Emails. Das Gute daran ist, dass die Umfragen nicht sehr lange dauern und so als Lückenfüller eingeschoben werden können. So nutzen sie ansonsten tote Zeit zum Geld verdienen.

Geld verdienen im Internet bedeutet nicht immer nur, dass man bares Geld bekommen kann; es kann auch bedeuten, dass man welches spart, weil man Güter geschenkt bekommt. Wie das funktioniert, erfahren Sie in diesem Abschnitt.

Stellen Sie sich vor, Sie haben ein neues Produkt, zum Beispiel einen Rasierer. Sie möchten diesen Rasierer gern verkaufen, wissen aber nicht, wie die Kunden darauf reagieren werden. Die einzig logische Konsequenz daraus ist, ihn testen zu lassen. Und was wäre einfacher als geeignete Tester über das Internet zu finden?

Genau das tun viele Firmen namhafter Hersteller aller möglichen Güter. Sie bieten neue Produkte oder solche vor einer Neueinführung bestimmten Testern an, die die Produkte ausprobieren und dann ihr Urteil abgeben. Die getesteten Produkte kann man natürlich behalten und so unter Umständen eine Menge Geld sparen.

Um was für Tests es sich handelt ist höchst unterschiedlich. Ge- und Verbrauchsgüter werden genauso getestet wie Lebensmittel für Mensch und Tier. Wenn Sie sich auf einem solchen Testportal anmelden, werden Sie zunächst ein Profil ausfüllen, um festzulegen, welche Art von Tests zu Ihnen passt. Seien Sie ehrlich in den Fragen, aber versuchen Sie so breit wie möglich zu fächern. Je mehr (Interessen)Gebiete Sie angeben, an desto mehr Tests werden Sie teilnehmen können. Sie sind auch nicht verpflichtet, an bestimmten Tests teilzunehmen, und natürlich ist das Ganze kostenlos.

Sehen Sie hier eine kleine Liste von Internetportalen, die Produkttests anbieten:

Eine vielversprechende Seite ist trnd.com. Hier werden topaktuelle und teilweise im Handel noch nicht erhältliche Produkte zum Test angeboten. Die Teilnahme ist sehr einfach. Nach erfolgreicher und kostenloser Registrierung wählt der User Bereiche aus, die ihn wirklich interessieren. Anhand dieser Angaben werden dann so genannte Bewerbungstickets vergeben; mit diesem Tickets ist der

Nutzer berechtigt, an einem Textprojekt teilzunehmen, sofern es ihn interessiert. Die Seite ist übersichtlich gegliedert in die verschiedensten Themenbereiche, so dass jeder Interessent finden kann, wonach er sucht. Mit trnd.com verdient man zwar kein bares Geld, jedoch darf man die getesteten Produkte und Geräte oft behalten, so dass dies einer Ersparnis gleich kommt, denn man muss sich dieses Testobjekt dann nicht kaufen.

Ähnlich verhält es sich bei konsumgoettinnen.de, nur dass diese Seite laut eigener Angabe Frauen vorbehalten ist. In einem einfachen und motivierendem Verfahren kann man hier alle möglichen Produkte testen, von Haushaltswaren über Lebensmittel bis hin zu praktischen Geräten. Begleitend zum Test soll ein Fragebogen ausgefüllt werden, für den so genannte Bonuspunkte gutgeschrieben werden. Diese Bonuspunkte lassen die Testerin an einer halbjährlichen Verlosung von tollen Preisen (zum Beispiel Reisen) teilnehmen, so dass es sich durchaus lohnt, viel zu testen und zu bewerten, da hier nicht nur das Testobjekt selbst die Kostenersparnis im Alltag bedeutet, sondern zusätzliche Dinge gewonnen werden können. Auch konsumgoettinnen.de ist vollkommen kostenlos und unverbindlich, beansprucht nicht viel Zeit und macht großen Spaß. Ein weiteres Plus: Neue Testobjekte werden einmal wöchentlich per Newsletter vorgestellt, so dass man nicht einmal danach suchen muss.

Auf exakt dem gleichen Prinzip beruht empfehlerin.de. Auch hier gibt es kein Bargeld zu verdienen, aber die Sachwerte sind ebenfalls nicht zu verachten. Gleiche Vorgehensweise, gleiche Art; empfehlerin.de wartet mich noch mehr bekannten Marken auf und ist eine wahre Fundgrube für Schnäppchenjäger(innen).

Apropos Schnäppchen: Wussten Sie, dass Sie sehr viel im Internet gratis bekommen können? Unzählige Seiten stellen Informationen zu gratis Proben, Schnäppchen oder Probierpackungen der Hersteller bereit. Die bekanntesten sind gratisproben.com, sparwelt.de und kostenloseproben.de, die alle auf einem ähnlichen Prinzip beruhen. In einer tagesaktuellen Liste werden die interessantesten Schnäppchen und gratis Angebote vorgestellt. Sie können diese einfach anfordern, ohne dass Sie etwas dafür tun müssen. Brauchen Sie neue Tinte für

Ihren Drucker? Einfach nachschauen, wer gerade etwas anbietet. Ein neues Shampoo gefällig? Es gibt immer Dutzende Angebote von namhaften Herstellern in Sachen Körperpflege. Auf diese Weise lässt sich mit wenig Aufwand sehr viel Geld sparen, das dann praktisch zu Ihrem Gewinn zählt.

Dennoch sollten Sie auf der Schnäppchenjagd einiges beachten. Auch wenn viele Angebote auf den ersten Blick sehr verlockend erscheinen, schauen Sie genau hin! Manchmal versuchen Anbieter, Interessenten mit einem solchen Knaller in ein Abo zu führen; hin und wieder sind die Angebote auch nicht direkt kostenlos, sondern nur preisreduziert. Hier müssen Sie selbst entscheiden, ob Sie das Angebot annehmen wollen oder nicht. Da die Nutzung der Schnäppchenseiten komplett kostenlos ist, haben Sie nichts verloren. Auch sollten Sie sich für diese Art des Geldverdienens im Internet eine extra Email-Adresse anlegen. Es ist damit zu rechnen, dass Sie zumindest anfangs Werbemails von den Herstellern und Firmen bekommen werden. Auf einer speziellen Email-Adresse ist das jedoch ein geringer Preis für ein kostenloses Produkt, das Ihnen bares Geld einbringt. Außerdem sollten Sie sich, wenn Sie diese Art des Sparens und indirekten Geldverdienens praktizieren wollen, angewöhnen, die Seiten täglich zu besuchen. Manche Aktionen dauern nur wenige Tage, und es lohnt sich, immer über die aktuellsten Schnäppchen informiert zu sein, denn oft heißt es: So lange der Vorrat reicht…

Wenn Sie neben all Ihrer Online Tätigkeit noch Zeit zum Lesen finden, sollten Sie sich für Rezensionen anmelden. Testen Sie Bücher und Zeitschriften, die Sie interessieren, und sparen Sie bares Geld bei Kultur, Literatur und Bildung. Die Bücher, die Sie lesen und bewerten sollen, dürfen Sie nämlich behalten. Weil diese Portale ebenfalls nicht leicht zu finden sind, haben wir welche für Sie aufgelistet:

Ein sehr gutes Portal ist bloggdeinbuch.de. Nach der obligatorischen Anmeldung wählen Sie ein Buch aus, das Sie lesen möchten. Einzige Voraussetzung: Sie bloggen eine Rezension über dieses Buch. Das hat für Sie als Online Geldverdiener gleich mehrere Vorteile. Zum Einen bekommen Sie ein kostenloses Buch und somit etwas Lesespaß. Zum Anderen aber leiten Sie so ganz geschickt noch mehr Besucher auf

Ihren Blog, den Sie im Idealfall mit AdSense und Affiliate Links bestückt haben (siehe Kapitel 2 und 3). So verdienen Sie gleich doppelt und haben zugleich etwas mehr Entspannung und Kultur in Ihrem Leben. Viel besser kann es eigentlich nicht laufen.

Wirklich Geld verdienen kann man als Testleser bei Verlagen. Kleine und mittelgroße Verlage suchen immer mal wieder Testleser, die Bücher vor Veröffentlichung lesen und entsprechend bewerten. Die Tätigkeit ist freiberuflich und nicht gerade häufig, aber dennoch lohnt es sich, im Internet nach Verlagen zu suchen, die Testleser anstellen. Auch hier verdienen Sie quasi doppelt, denn die Bücher - ob nun im digitalen oder Printformat - dürfen Sie in der Regel ebenfalls behalten. Einziger Wermutstropfen: Sie suchen sich die Bücher nicht aus, die Sie lesen, aber eventuell ist etwas dabei, das Sie unter Umständen nie in die Hand genommen hätten und Sie aber nun vollkommen begeistert. Man kann es nie wissen.

Nicht nur bares Geld, sondern auch Sachwerte sind im Internet zu holen, so dass Sie wiederum sehr viel Geld sparen können, und das mit wenig Aufwand. Eine Kombination der Maßnahmen bewirkt auch hier einen maximalen Erfolg.

Fast jeder, der mit den modernen Medien umgeht, hat schon einmal etwas bei Ebay gekauft. Die Auktionsplattform ist immer noch das Portal für unglaubliche Schnäppchen, hat sich im Laufe der Jahre aber auch zunehmend als feste Einnahmequelle für viele Händler etabliert. So wie allerdings diese ihre Neuwaren auf Ebay in großem Stil anbieten können, können auch Sie als Privatperson alles, was Ebay erlaubt, dort verkaufen.

Ebay hat für private Verkäufer sehr einfache Regeln, wie man schnell und einfach seine Sachen dort verkaufen kann. Zunächst braucht man ein Verkäuferkonto. Das übliche Konto, mit dem Sie bisher vielleicht bei Ebay eingekauft haben, lässt sich ebenfalls um eine Verkäufer-Sektion erweitern, so dass Sie praktischerweise über ein- und dasselbe Profil ein-und verkaufen können (das gilt sowohl für private als auch für gewerbliche Profile). In jedem Fall muss die Identität des angehenden Verkäufers verifiziert werden; das geht am Besten über einen Adressdatenabgleich der SCHUFA oder via PayPal. Profi-Tipp: Wir empfehlen Ihnen ohnehin, ein Konto bei PayPal anzulegen (falls Sie noch keines besitzen). Käufer auf Ebay nutzen bevorzugt PayPal aufgrund des guten Käuferschutzes, und Sie beweisen eine hohe Seriosität, wenn Sie PayPal als Zahlungsmethode anbieten.

Dann können Sie eigentlich auch schon Ihre Artikel bei Ebay einstellen. Es geht sehr leicht; Ebay hat eine umfangreiche Hilfe-Sektion, in der alle vorstellbaren Fragen und Antworten gelistet sind. Natürlich kostet das Verkaufen von Artikeln auf Ebay Geld; je nach Höhe des Umsatzes wird eine bestimmte, prozentual errechnete Verkäufergebühr fällig. Auch die Anzeige selbst kann Geld kosten, wenn sie etwa mit einer besonderen Umrandung hervorgehoben wird oder einen hohen Startpreis hat. Es ist verpönt, die Gebühren für die Anzeige auf den Kaufpreis zu schlagen. Üblicherweise trägt der Ebay-Verkäufer alle Gebühren außer den Versandkosten, die der Kunde zusätzlich zum Kaufpreis zahlt.

Wenn Sie nicht nur Ihren Keller ausmisten wollen, sondern regelmäßig viele Artikel auf Ebay einstellen, sollten Sie über die

Verwendung eines Ebay Verkaufstools nachdenken. Das erleichtert Ihnen zum Einen die Einstellung neuer Artikel, da Muster und Vorlagen erstellt werden können, zum Anderen haben Sie mehr Übersicht über Ihre Verkaufsaktivitäten; das Programm kommuniziert in Echtzeit mit der Ebay Webseite und ist daher immer auf dem neuesten Stand, was Ihre Verkäufe angeht. Das offizielle Verkaufstool Turbo Lister ist leicht zu handhaben, sehr übersichtlich und zudem kostenlos. Wer Apple Computer verwendet, greift auf die entsprechenden Äquivalente Garage Sale oder iSale zurück, die allerdings beide käuflich zu erwerben sind.

Für gewerbliche Verkäufer ist der Vorgang ähnlich, nur unterscheiden sich die Gebühren von denen privater Anbieter; auch die Art der zu verkaufenden Artikel wird hier anders angegeben.

Natürlich kann man Sachen im Internet nicht nur auf Ebay verkaufen. Das Auktionsportal unterhält außerdem eine Internetseite mit kostenlosen Kleinanzeigen, die genau so funktionieren wie die Kleinanzeigen, die wir noch aus der Tageszeitung kennen: Sie stellen einen Artikel ein, geben eine kleine Beschreibung dazu und geben den Preis vor. Entweder über Mail oder auch über Telefon (sofern Sie eine Nummer veröffentlichen möchten) können Interessenten sich bei Ihnen melden und den Artikel auch direkt bei Ihnen abholen. Wie bei Ebay auch, gibt es auf Ebay Kleinanzeigen Artikel, die nicht verkauft werden dürfen, wie zum Beispiel Waffen, Drogen, Tiere und pornografische Artikel. Das gleiche gilt für Portale wie Quoka oder markt.de, die alle Kleinanzeigen anbieten und ähnlich funktionieren.

Neben den klassischen Portalen haben sich in den letzten Jahren immer mehr Re-Seller in den Markt gebracht, die gut erhaltene gebrauchte Waren an- und wieder verkaufen. Hier lohnt es sich, auf den Preis zu achten. Internetseiten wie reBuy und wirkaufens.de haben es vor allem auf hochwertige Elektronik abgesehen, aber auch Bücher, Spiele, Handys, CDs und vieles mehr wird von den Wiederverkäufern angenommen. Die Preise sind meist nicht ganz so hoch wie bei Ebay oder Kleinanzeigen, jedoch kann man hier sicher sein, den Artikel auch wirklich loszuwerden, worauf man bei Auktionsportalen oder Kleinanzeigen Seiten keine Garantie hat.

Seit einiger Zeit bietet auch Amazon seinen Kunden an, Artikel zu verkaufen. Das System ist gut, denn man kann gleich sehen, was die Konkurrenz für den gleichen Artikel nimmt, und seinen Preis marktwirtschaftlich geschickt anpassen. Wenn Sie jedoch einen etwas exotischeren Artikel verkaufen möchten, kann es passieren dass Sie recht lange darauf warten, bis ihn jemand haben will. Das Angebot bei Amazon ist so groß, dass Angebote leicht übersehen werden. Wenn Sie jedoch gefragte Artikel verkaufen und es schlau anstellen, können Sie bei Amazon mit die besten Preise erzielen. Amazon erlaubt nicht nur privaten, sondern insbesondere auch gewerblichen Verkäufern den Handel auf der beliebten Plattform, so dass Sie, sollten Sie sich für diese Variante entscheiden, ein gutes Einkommen aus Verkäufen aller möglichen Waren erzielen können.

Zu beachten ist bei allen Internetgeschäften, dass regelmäßige Einkünfte aus dem Verkauf von Waren, die einen Gewinn erzielen sollen, vom Finanzamt als Gewerbebetrieb eingestuft werden können. Die Grenzen hierbei sind fließend und richtet sich nach Umfang der Auktionen und anderen Merkmalen. Im Zweifelsfall sollten Sie entweder direkt ein Gewerbe auf Handel eintragen lassen; die Gefahr, dass Sie Gewerbesteuer zahlen müssen, besteht unter einem Gewinn unter 24.500 Euro bei Einzelunternehmungen nicht. Auch Umsatzsteuer ist erst ab einem Umsatz über 17.500 Euro fällig; bis zum diesem Umsatz greift die so genannte Kleinunternehmerregelung. Falls Sie sich unsicher sein sollten, lassen Sie sich von einem Steuerberater helfen oder wenden Sie sich gleich an Ihr zuständiges Finanzamt. Man wird Ihnen dort sicher helfen können, und das ist allemal besser als „auf blauen Dunst" zu versuchen und dann das böse Erwachen mit der Steuerschätzung zu bekommen.

Wie Sie bemerken, ist der große Vorteil am Online Handel dass Sie den Umkreis Ihrer Kunden um ein Vielfaches erweitern. Wenn Sie Ihre Sachen auf dem örtlichen Flohmarkt verkaufen, sprechen Sie nur einen Bruchteil der möglichen Kunden an, die im Internet auf Sie warten. Studien zufolge kauft schon mehr als jeder 3. bereits den Großteil benötigter Dinge (außer Lebensmitteln) im Internet - Tendenz steigend. Wer auf diesen Zug aufspringt und sich ein intelligentes Konzept ausdenkt, kann mit Online Handel ohne großen Aufwand ein regelmäßiges und solides Nebeneinkommen erzielen. Unter Umständen kann man diese Tätigkeit auch ohne Probleme zum Hauptverdienst ausbauen. Wie das besonders gut geht, verraten wir in unserem letzten Kapitel: Drop-Shipping.

Was fällt jedem sofort ein, wenn er ans Geldverdienen denkt? Richtig, der Handel. Von jeher hat das An- und Verkaufen von Waren Gewinne erzielt, und anders ist es auch nicht im Internet. Der Nachteil: Man muss zuerst natürlich Waren einkaufen (was Geld kostet) und einen geeigneten Lagerplatz haben (was ebenfalls Geld kostet). Die hohen Kosten dieser Vorarbeit, bei der man noch keinen einzigen Cent verdient hat, schreckt viele Jungunternehmer ab.

Wir aber haben Ihnen mit diesem E-Book Möglichkeiten versprochen, mit denen Sie ohne große finanzielle Investitionen Geld im Internet verdienen können, und dieses Versprechen halten wir auch im letzten Kapitel des Buches. Denn es gibt ein System, mit dem Sie in den Online Handel einsteigen können, ohne dass Sie Waren auf Lager haben müssen, und dieses System nennt sich Drop Shipping.

Das Prinzip ist wahrlich nicht neu: Über einen Mittler (Wiederverkäufer) bestellt der Endverbraucher (Kunde) eine Ware, die der Wiederverkäufer bei einem Großhändler bezieht. Üblicherweise schickt der Großhändler die Ware zum Wiederverkäufer, der sie seinerseits an den Kunden versendet. Beim Drop Shipping entfällt genau dieser Zwischenschritt, das bedeutet der Kunde bestellt beim Wiederverkäufer (das wären in dem Falle Sie), der wiederum bestellt die Ware beim Großhändler, von wo aus sie direkt an den Kunden geliefert wird; meist in neutraler Verpackung, um den Kunden nicht zu verwirren. Wenn der Kunde seine Ware bei Ihnen bezahlt hat, zahlen Sie von diesem Geld den Großhändler und behalten Ihren Gewinn zurück; ohne Kosten, ohne Aufwand, ganz einfach und schnell.

Die Vorteile des Drop Shipping liegen glasklar auf der Hand: Sie können alle Waren anbieten, die Ihr Großhändler auf Lager hat. Immer mehr Händler bieten Drop Shipping an, so dass Sie mittlerweile aus einer Vielzahl von Partnern wählen können (siehe hierzu die Hinweise am Ende des Kapitels). Es fallen Ihnen keinerlei Kosten für die Lagerhaltung an, da die Waren in den Großlagern Ihres Händlers stehen. Sie sind lediglich (digitaler) Mittler zwischen Kunde und Ware und kassieren dafür Geld. Alles, was Sie brauchen, ist ein funktionierender Online Shop, der in sehr vielen Do-it-yourself Homepage Baukästen bereits integriert ist. So sind Sie von Anfang an konkurrenzfähig, können Ihr Sortiment nach und nach ausbauen und halten die Preise am Markt mühelos.

Das Ganze hört sich natürlich sehr gut an, hat aber auch einige Kanten, die man kennen muss. Als Wiederverkäufer sollten Sie sich bewusst machen, dass Sie die Ware nicht zu sehen bekommen; das heißt Sie brauchen einen Großhändler, dem Sie in Sachen Qualität absolut vertrauen können, denn an der Beschaffenheit seiner Ware hängt Ihre Reputation als Online Händler. Versendet er Müll, auf gut Deutsch gesagt, werden Sie keine Kunden gewinnen können. Auch sollten Sie sich im Klaren darüber sein, dass Sie keinerlei Einfluss auf den Versandweg und die Versandzeit haben. Achten Sie also unbedingt darauf, mit dem Großhändler eine maximale Versanddauer zu vereinbaren. Bis zu vier Werktage sind hier akzeptabel.

Wichtig ist auch, im Vorfeld zu prüfen, ob der Händler Erfahrung hat. Im Handelsregister, in das sich jeder Handeltreibende eintragen muss, können Sie leicht überprüfen, wie lange der Großhändler schon am Markt ist. Recherchieren Sie im Internet, ob er Erfahrung mit Drop Shipping hat; das System ist in Deutschland erst im Kommen. Lesen Sie außerdem ausführlich die Bedingungen des Großhändlers, und lehnen Sie Mindestabnahmen unbedingt ab. Es bringt Ihnen nichts, wenn Sie achtzig Pullis kaufen müssen, von denen Sie nur sieben verkaufen. Ein seriöser Großhändler wird überdies nicht an die Öffentlichkeit, sondern nur an Wiederverkäufer verkaufen und erhebt für diese Tätigkeit keine Gebühren.

Auch wenn es seltsam klingt: Starten Sie langsam. Spezialisieren Sie sich auf einen Bereich, in dem Sie sich auskennen, und arbeiten Sie zunächst nur mit einem Händler zusammen. So lernen Sie das System von Grund auf kennen und können bei Bedarf Ihr Geschäft ausbauen, ohne dass Sie ein Risiko eingehen müssen. Bedenken Sie eines: Wenn Ihr Kunde die Ware zurück gibt oder nicht zahlt, bleiben Sie auf den Kosten sitzen (denn der Großhändler verkauft die Ware ja Ihnen, auch wenn er sie zum Kunden sendet). Überlegen Sie daher genau, was Sie anbieten wollen und können.

Wie findet man nun den richtigen Drop Shipping Partner? Von ihm hängt zu einem sehr großen Teil der Erfolg der Unternehmung ab. Ein erster Blick ins Internet zeigt, dass es sehr viele Seiten zum Drop Shipping gibt, und fast alle wollen eine Gebühr dafür, dass man erfährt, wer Drop Shipping mitmacht. Auch hier halten wir erneut unser Versprechen und zeigen Ihnen Internetseiten, auf denen Sie kostenlos an die benötigten Informationen gelangen.

Überlegen Sie sich eine Sparte, in der Sie verkaufen wollen, und prüfen Sie dann auf den folgenden Internetseiten, welcher Partner zu Ihnen passt:

dropshipping-adressen.com hat eine ansprechende, alphabetisch sortierte und für Jedermann einsehbare Datenbank an Großhändlern, die Drop Shipping anbieten. Zusätzlich zu den Adressen bietet die Website hilfreiche und wertvolle Tipps, die insbesondere Drop Shipping Neulingen den Einstieg erleichtern werden. Aufgepasst: Einige Angebote sind kostenpflichtig (zum Beispiel der Drop Shipping Club), aber auch nicht zwangsläufig notwendig, um ein erfolgreiches Unternehmen aufzubauen.

Nach einem ähnlichen Prinzip verfährt dropshipping-portal.de. Auch hier finden Sie einige Händler, mit denen Sie zusammen arbeiten können, und den einen oder anderen Tipp. Die Händler sind nach Kategorien aufgeteilt und in übersichtlicher Weise dargestellt.

Empfohlen werden außerdem die Seiten wlw.de (Wer liefert was), wo Sie über ein Suchfeld direkt Ihren Branchenzweig eingeben können und sofort umfangreiche Ergebnisse präsentiert bekommen. Wie alle anderen hier vorgestellten Seiten ist auch wlw kostenlos. Dies ist vielleicht eine der umfangreichsten Seiten im Netz, da sie über 500.000 Händler unterschiedlichster Kategorien beherbergt. Die Suchfunktion ist exakt, schnell und vorbildlich gestaltet; das Suchergebnis lässt sich im Nachhinein filtern nach besten

Ergebnissen, Lieferantentyp und - wichtig für Lieferanten für die Industrie - Zertifizierungen.

Ebenfalls für die Industrie bietet diedeutscheindustrie.de zahlreiche Händler und Dienstleister, mit denen Sie zusammen arbeiten können. Über ein Suchfeld geben Sie den gewünschten Begriff ein und erfahren, welche Firmen in Frage kommen. Sofort können Sie über einen entsprechenden Button eine Anfrage starten, was die Seite sehr benutzerfreundlich macht.

Drop Shipping eignet sich eher als Einstieg in den Online Handel, und da auch nicht als Nebenverdienst. Sie müssen Kundenbestellungen zeitnah ausführen und für Ihre Kunden jederzeit ansprechbar sein. Sie sollten Kenntnisse über Handelsgesetze haben und souverän auftreten. All das erfordert Zeit und Engagement, doch Sie werden sehen, dass gerade der Online Handel dazu führen kann, dass Sie recht viel Geld im Internet verdienen.

Nach der Lektüre dieses E-Books wissen Sie nun, wie man effektiv im Internet Geld verdienen kann. Sie haben erfahren, wie leicht es ist, Texte für das Netz zu schreiben, was man unter Affiliate Marketing versteht und wie man es geschickt einsetzt. Wie ein Blog funktioniert und wie man ihn pflegt und vermarktet, haben Sie ebenfalls gelernt. Sie haben gesehen, dass man mit dem Ausfüllen einfacher Umfragen bares Geld verdient und sich kaum mehr Bücher kaufen muss, wenn man regelmäßig rezensiert. Auch die Händler und Kaufleute unter den Online Verdienern haben große Chancen, im Internet gutes Geld zu verdienen: Über Ebay können Sie nahezu alles verkaufen. Dem Online Handel gehört die Zukunft, und dabei ganz besonders dem beschriebenen Drop-Shipping.

All diese Möglichkeiten sind für Sie risikolos. Wir haben bei der Recherche für dieses E-Book speziell darauf geachtet, dass gerade Einsteiger ohne Eigenkapital möglichst schnell und komplikationslos in das Geld verdienen im Internet einsteigen können. Immerhin möchten wir Sie nicht ruinieren, sondern Ihnen eine reelle Chance für ein angenehmes Nebeneinkommen bieten. Um Ihre Bemühungen weiter zu begünstigen, haben wir abschließend noch einige praktische Tipps für Sie, die Ihnen helfen werden, Ihren Verdienst aus dem Internet zu steigern:

- Seien Sie strukturiert

Angesichts der Fülle an Informationen, die Sie nun erhalten haben, ist die Verlockung groß, gleich anzufangen und sich auf das vermeintlich große Geld im Internet zu stürzen. Tun Sie das nicht. Überlegen Sie sich im Vorfeld genau, wo Ihre Talente sind, was Sie gern machen und was Sie leisten können. Nicht alle Maßnahmen sind für Jedermann gleichsam geeignet. Seien Sie außerdem realistisch bei der Einschätzung Ihres Zeitaufwandes, insbesondere wenn Sie den Online Verdienst als Nebengeschäft tätigen. Wenn Sie sich verzetteln, werden

Sie keinen einzigen Cent verdienen, sondern nur Stress und Hektik mit dem Online Job haben, und genau das wollen wir ja vermeiden.

- Die Mischung macht´s

Wenn Sie nun in etwa wissen, was Ihr Ding ist (zum Beispiel Handel oder doch lieber Strukturieren, Websites bauen etc.), können Sie sich die entsprechenden Maßnahmen zum Geld verdienen im Internet zusammen stellen. Das E-Book ist so aufgebaut, dass nicht nur eine Maßnahme auf Ihre Fähigkeiten passen wird, und genau das sollten Sie auch nutzen. Wer sich allein auf Ebay verlässt, kann nur wenig Geld verdienen; eine Linkseite allein macht kaum Umsatz. Mischen Sie die Maßnahmen sinnvoll und Sie werden sehen, dass diese sich gegenseitig ergänzen.

- Seien Sie nicht zu speziell

Mag sein dass niemand im Internet handgeklöppelte Teppichflicken aus Polynesien bewirbt, aber fragen Sie sich dann einmal, wieso dem so ist. Ein Alleinstellungsmerkmal ist gut für ein Produkt, allerdings nicht für den, der es bewerben soll. Wenn Sie nicht nur Cents mit Ihren Bemühungen verdienen wollen, müssen Sie Produkte haben, die gefragt sind; entweder wenn Sie sie verkaufen oder wenn Sie Links haben etc. Halten Sie sich an bekannte Marken, die Verbraucher eher kaufen als Unbekanntes. Wenn Sie sich in einem Sektor besonders gut auskennen sollten, machen Sie sich das zum Vorteil. Nischenprodukte können zuweilen vielleicht teuer verkauft werden, aber letztlich macht´s die Masse.

- Behalten Sie den Überblick

Führen Sie genau Buch über all Ihre Bemühungen, Einnahmen etc! Dies ist der vielleicht wichtigste Tipp von allen. Sie sollten zu jeder Zeit genau wissen, was Sie eingenommen haben. Das erleichtert Ihnen die Arbeit mit dem Finanzamt ungemein. Außerdem können Sie so

34

leicht beobachten, wenn eine Maßnahme, ein Produkt oder ein Zweig unrentabel wird und ihn beizeiten abstoßen. Im Gegenzug erkennen Sie so auch schneller, wenn ein Bereich wächst, und können entsprechend reagieren und gegebenenfalls expandieren, neue ähnliche Links aufnehmen, mehr Produkte zum Verkauf anbieten etc. Reagieren Sie auf den Markt, auf Angebot und Nachfrage. Vergessen Sie nicht: Sie sind jetzt Unternehmer, auch wenn Sie vielleicht zu Anfang nicht viel einnehmen (was nicht passieren wird wenn Sie alle Tipps beherzigen). Handeln Sie entsprechend.

- Seien Sie fleißig

Geld verdient sich nicht von allein, auch nicht im Internet. Planen Sie von Anfang ein eine tägliche (!) Zeitspanne ein, die Sie mit Ihrem Online Verdienst verbringen. Dazu gehört unter anderem, alle Links und Internetseiten auf Ihre Funktionsfähigkeit zu überprüfen; ein defekter Link bringt keine Besucher und somit kein Geld. Informieren Sie sich über besondere Angebote Ihrer Geschäftspartner; meist bekommen Sie entsprechende Informationen per Mail zugesandt. Beobachten Sie den Markt, behalten Sie Ihre Einnahmen im Griff. Verkaufen Sie, kümmern Sie sich um Ihre Kunden, bieten Sie guten Service an (das gilt auch für kleine Verkäufe bei Ebay). Seien Sie sich bewusst, dass das Geld verdienen im Internet auch Arbeit ist, und verhalten Sie sich entsprechend. Ohne Fleiß keinen Preis, heißt es nicht umsonst.

- Bleiben Sie am Ball

Gerade das Internet ist ein sehr dynamischer Raum, in dem sich ständig etwas ändert. Nehmen Sie am Wandel teil und bleiben Sie mit Ihren Kenntnissen auf dem neuesten Stand. In entsprechenden Foren können Sie sich mit Gleichgesinnten und anderen im Internet Erwerbstätigen austauschen; viele Internetseiten bieten mittlerweile umfangreiche Informationen über das Geld verdienen im Internet an. Doch seien Sie auch etwas auf der Hut: Da das Internet nichts vergisst, sind viele Informationen, die Sie bekommen könnten, veraltet, insbesondere was die Rechtslage angeht. Hier lohnt sich unter Umständen der regelmäßige Gang zum Steuerberater oder Anwalt des Vertrauens, um wirklich auf der sicheren Seite zu sein.

Alles in Allem ist es wirklich nicht sehr schwer, im Internet etwas Geld zu verdienen. Wenn Sie einmal damit angefangen haben, werden Sie feststellen, wie schnell es gehen kann, wenn man alle Tipps und Tricks kennt. Mit der Zeit werden Sie wertvolle Erfahrungen sammeln und immer weiter dazu lernen, und schon bald sind Sie Vollprofi in Sachen Geld verdienen im Internet. Wir wünschen Ihnen viel Freude und Erfolg bei Ihrer Tätigkeit.

Bitte beachten Sie auch das folgende Buch:

Impressum

Geschäftsanschrift Herausgeber:

Uwe Klein

Libanonstrasse 85
70186 Stuttgart

mail@marketing-tipps24.info

DISCLAIMER

Die Inhalte dieses Buches wurden mit größter Sorgfalt erstellt. Für die Richtigkeit, Vollständigkeit und Aktualität der Inhalte können wir jedoch keine Gewähr übernehmen.

Dieses Buch enthält Links zu externen Webseiten Dritter, auf deren Inhalte wir keinen Einfluss haben. Deshalb können wir für diese fremden Inhalte auch keine Gewähr übernehmen. Für die Inhalte der verlinkten Seiten ist stets der jeweilige Anbieter oder Betreiber der Seiten verantwortlich.

Die verlinkten Seiten wurden zum Zeitpunkt der Verlinkung auf mögliche Rechtsverstöße überprüft. Rechtswidrige Inhalte waren zum Zeitpunkt der Verlinkung nicht erkennbar. Eine permanente inhaltliche Kontrolle der verlinkten Seiten ist jedoch ohne konkrete Anhaltspunkte einer Rechtsverletzung nicht zumutbar. Bei Bekanntwerden von Rechtsverletzungen werden wir derartige Links umgehend entfernen.

2. Auflage 2016

www.ingramcontent.com/pod-product-compliance
Lightning Source LLC
Chambersburg PA
CBHW071551170526
45166CB00004B/1638